BEI GRIN MACHT SICH IHR WISSEN BEZAHLT

- Wir veröffentlichen Ihre Hausarbeit,
  Bachelor- und Masterarbeit

- Ihr eigenes eBook und Buch -
  weltweit in allen wichtigen Shops

- Verdienen Sie an jedem Verkauf

Jetzt bei www.GRIN.com hochladen
und kostenlos publizieren

Die Analyse von Geschäftsprozessen mit der erweiterten Ereignisgesteuerten Prozesskette (eEPK). Vor- und Nachteile im Projektmanagement

Daniel Gatz

Bibliografische Information der Deutschen Nationalbibliothek:

Die Deutsche Nationalbibliothek verzeichnet diese Publikation in der Deutschen Nationalbibliografie; detaillierte bibliografische Daten sind im Internet über http://dnb.d-nb.de abrufbar.

ISBN: 9783346406002
Dieses Buch ist auch als E-Book erhältlich.

© GRIN Publishing GmbH
Nymphenburger Straße 86
80636 München

Druck und Bindung: Books on Demand GmbH, Norderstedt Germany
Gedruckt auf säurefreiem Papier aus verantwortungsvollen Quellen

Das vorliegende Werk wurde sorgfältig erarbeitet. Dennoch übernehmen Autoren und Verlag für die Richtigkeit von Angaben, Hinweisen, Links und Ratschlägen sowie eventuelle Druckfehler keine Haftung.

Das Buch bei GRIN: https://www.grin.com/document/1011835

FOM Hochschule für Oekonomie & Management

Hochschulzentrum München

Scientific Essay

zur Erlangung des akademischen Grades

„Bachelor of Business Administration"

mit dem Thema

Das eEPK zur Geschäftsprozessanalyse

Autor: Daniel Gatz

Datum der Abgabe:

13. Februar 2021

(Anzahl der Wörter: 2093)

Inhaltsverzeichnis

Abbildungsverzeichnis

1. Einleitung

Im Zuge des Digital-Gipfels der Bundesregierung am 01. Dezember 2020 erklärte Bundeswirtschaftsminister Peter Altmaier, dass digitale Technologien und datenge-triebene Effizienzsteigerungen maßgeblich zur Erreichung gesetzter Nachhaltig-keitsziele beitragen.[1] Demnach wurden diese Potenziale auch vermehrt von deut-schen Unternehmen erkannt. Diese Unternehmen sollen daher bei der Umsetzung der Digitalisierung unterstützt werden. Insbesondere sollen laut Altmaier Schlüssel-technologien wie künstliche Intelligenz und die Technik des Quantencomputers ge-fördert werden.[2] Zusätzlich werde man sich für gemeinsame europäische Projekte, speziell in der Kommunikationstechnologie, einsetzen.[3]

Auch Bundeskanzlerin Angela Merkel äußerte sich im Zuge des Kongresses und lobte die gestiegene Geschwindigkeit mit der das Thema Digitalisierung bearbeitet wird.[4] Doch die Dringlichkeit der Veränderungen ist in vielen Bereichen der deut-schen Volkswirtschaft noch nicht ausreichend erkannt worden.[5] Dies zeigt sich unter anderem in den Auswirkungen der Covid-19-Pandemie. Besonders in der Bildung verdeutlichen sich Mängel in der Digitalisierung. Die Bundesregierung beschloss da-her im Herbst 2020 das Projekt digitale Bildung zügig voranzubringen.[6] Dies soll, neben einem Zuschuss in Höhe von 6,5 Milliarden Euro, durch die Einrichtung von Kompetenzzentren und die schrittweise Entwicklung einer länderübergreifenden Bil-dungsplattform erreicht werden.[7] Dabei ist für die Bundeskanzlerin eine zügige Her-angehensweise und Umsetzung des Projektes entscheidend.

Doch um ein derartig umfangreiches Projekt erfolgreich umzusetzen werden nicht

---

[1] Vgl. *https://www.bmwi.de/Redaktion/DE/Pressemitteilungen/2020/12/20201201-digital-gipfel-2020-altmaier-digitalisierung-kann-enormen-beitrag-fuer-erreichen-der-klimaschutzziele-leisten.html*, Zu-griff am 04.02.2021.
[2] Vgl. *https://www.bmwi.de/Redaktion/DE/Pressemitteilungen/2020/12/20201201-digital-gipfel-2020-altmaier-digitalisierung-kann-enormen-beitrag-fuer-erreichen-der-klimaschutzziele-leisten.html*, Zu-griff am 04.02.2021.
[3] Vgl. *https://www.bmwi.de/Redaktion/DE/Pressemitteilungen/2020/12/20201201-digital-gipfel-2020-altmaier-digitalisierung-kann-enormen-beitrag-fuer-erreichen-der-klimaschutzziele-leisten.html*, Zu-griff am 04.02.2021.
[4] Vgl. *https://www.sueddeutsche.de/wirtschaft/digitalisierung-irgendwann-bummelletzter-1.5134234*, Zugriff am 04.02.2021.
[5] Vgl. *https://www.sueddeutsche.de/wirtschaft/digitalisierung-irgendwann-bummelletzter-1.5134234*, Zugriff am 04.02.2021.
[6] Vgl. *https://www.bundeskanzlerin.de/bkin-de/aktuelles/digitale-schulen-1790072*, Zugriff am 04.02.2020.
[7] Vgl. *https://www.bundeskanzlerin.de/bkin-de/aktuelles/digitale-schulen-1790072*, Zugriff am 04.02.2020.

nur immense finanzielle Mittel benötigt. Viel mehr ist ein ausgereiftes Projekt- und Prozessmanagement gefragt. Um den Ablauf des Projekts digitale Bildung zu erläutern geht die folgende Ausarbeitung näher auf die Themen Projektmanagement und Geschäftsprozessanalyse ein. Dazu werden zu Beginn einige Grundbegriffe erläutert. Im Anschluss werden anhand eines selbst modellierten Beispiels die Vor- und Nachteile des eEPK zur Geschäftsprozessanalyse vorgestellt. Zudem wird deren Anwendung in Methoden des agilen Projektmanagements diskutiert. Zum Abschluss bietet die Ausarbeitung ein Fazit und einen Rückschluss zum Projekt digitale Bildung der Bundesregierung.

2. Begriffserklärung

Der folgende Abschnitt gibt einen kurzen Überblick wichtiger Begriffe, um die Zusammenhänge der Ausarbeitung besser verständlich zu machen.

2.1 Projektmanagement

Bei der Zielsetzung von Unternehmen wird meist zwischen operativen und strategischen Zielen unterschieden. Die strategischen Ziele werden dabei in der Regel von der Geschäftsführung oder dem oberen Management eruiert und mittels dem Linienmanagement auf alle Mitarbeiter des Unternehmens heruntergebrochen.[8] Bei diesem Prozess entwickeln sich aus wenigen komplexen strategischen Zielen eine Vielzahl von exakten operativen Zielen.[9] Viele dieser Zielsetzungen können dabei keiner genauen Hierarchieebene oder Abteilung des Unternehmens zugeteilt werden. Denn sie beschäftigen sich mit zielgerichteten, komplexen und innovativen Fragestellungen, welche meist den Horizont einzelner Abteilungen überschreiten.[10] Diese Fragestellungen werden dann idealerweise in Projekten bearbeitet, welche sich durch ein exaktes Ziel, genaue zeitliche Vorgaben und strenge Budgetierung auszeichnen.[11]

---

[8] Vgl. *Kuster, J. et al.*, Projektmanagement, 2019, S. 12.
[9] Vgl. *Kuster, J. et al.*, Projektmanagement, 2019, S. 12.
[10] Vgl. *Kuster, J. et al.*, Projektmanagement, 2019, S. 4.
[11] Vgl. *Kuster, J. et al.*, Projektmanagement, 2019, S. 12.

Abbildung 1: Projekte im Geschäftsbetrieb

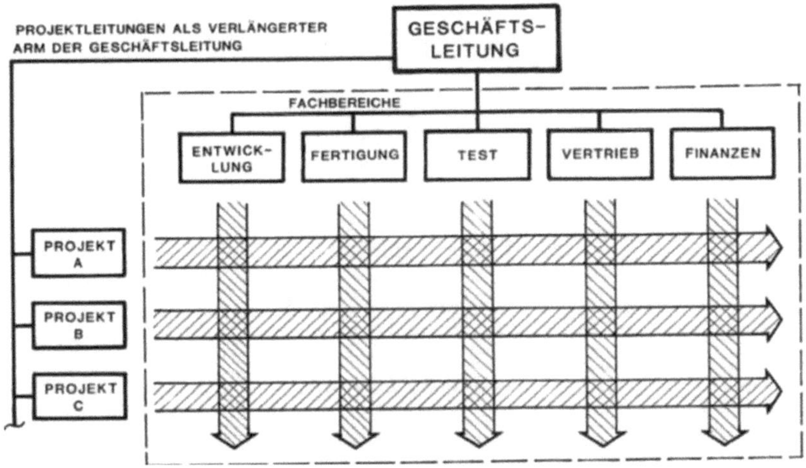

PROJEKTLEITUNGEN ALS VERLÄNGERTER ARM DER GESCHÄFTSLEITUNG

GESCHÄFTS-LEITUNG

FACHBEREICHE

ENTWICK-LUNG · FERTIGUNG · TEST · VERTRIEB · FINANZEN

PROJEKT A

PROJEKT B

PROJEKT C

Quelle: *Madauss, B.*, Projektmanagement, 2017, S. 7

Dabei übernimmt das Projektmanagement alle Aktivitäten, die sich mit der Organisation, Planung, Steuerung und Koordination des Projektes befassen, während die zu bearbeitende Fragestellung unter der Projektarbeit eingeordnet wird.[12]

2.2 Geschäftsprozessanalyse

Ein Geschäftsprozess ist eine zeitlich und sachlogisch geordnete Menge an Aktivitäten innerhalb eines Unternehmens.[13] Diese Prozesse verfolgen ein bestimmtes unternehmensrelevantes Ziel und greifen auf Unternehmensressourcen zurück.[14] Dabei beschreibt ein Geschäftsprozess alle Aktivitäten mit denen eine angestrebte Leistung erzielt wird.[15] Der erschaffene Wert wird daraufhin entweder externen Kunden als Hauptprozess, oder internen Kunden als Serviceprozess zugerechnet.[16] Dabei können Geschäftsprozesse verschiedene Aufgabengebiete abdecken. Neben der Angebotserstellung und Anfrageprüfung sind beispielsweise die Bereiche Beschaffung, Mahnwesen, Zahlungsabwicklung und Personaleinstellung in modernen

---

[12] Vgl. *Mende, W., Bieta, V.*, Projektmanagement, 1997, S. 6.
[13] Vgl. *Rump, F.*, Geschäftsprozessmanagement, 1999, S. 19.
[14] Vgl. *Rump, F.*, Geschäftsprozessmanagement, 1999, S. 19.
[15] Vgl. *Keller, G., Teufel, T.*, Prozessorientiert, 1997, S. 153.
[16] Vgl. *Keller, G., Teufel, T.*, Prozessorientiert, 1997, S. 153.

Unternehmen in Geschäftsprozesse unterteilt.[17]

Abbildung 2: Beispiel für einen einfachen Prozess aus der Anfrageprüfung

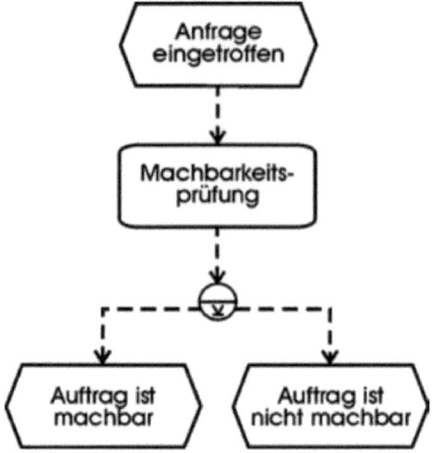

Quelle: *Staud, J.*, Geschäftsprozessanalyse, 2006, S. 70

Die Geschäftsprozessanalyse hat dabei die Aufgabe, Prozesse und Abläufe systematisch zu untersuchen. Dabei sollen mögliche Schwachstellen erfasst und Verbesserungen entwickelt werden, um letztendlich die Wettbewerbsfähigkeit eines Unternehmens zu steigern.[18] In diesem Zug ist es wichtig, die Geschäftsprozessanalyse von der Prozessoptimierung abzugrenzen. Denn die Analyse beschäftigt sich mit dem Istzustand eines Prozesses, während die Optimierung den Übergang zum Sollzustand verwirklichen soll.[19]

2.3 eEPK

Die erweiterte Ereignisgesteuerte Prozesskette, oder eEPK, präsentiert einen Geschäftsprozess als grafische Folge von Ereignissen und Funktionen. Dabei wird die Reihenfolge von Tätigkeiten durch Konnektoren und Regeln dargestellt.

---

[17] Vgl. *Staud, J.*, Geschäftsprozessanalyse, 2006, S. 10.
[18] Vgl. *Staud, J.*, Geschäftsprozessanalyse, 2006, S. 13 f.
[19] Vgl. *Staud, J.*, Geschäftsprozessanalyse, 2006, S. 13 f.

Abbildung 3: Beispielhaftes Modellierungsschema der eEPK-Methode

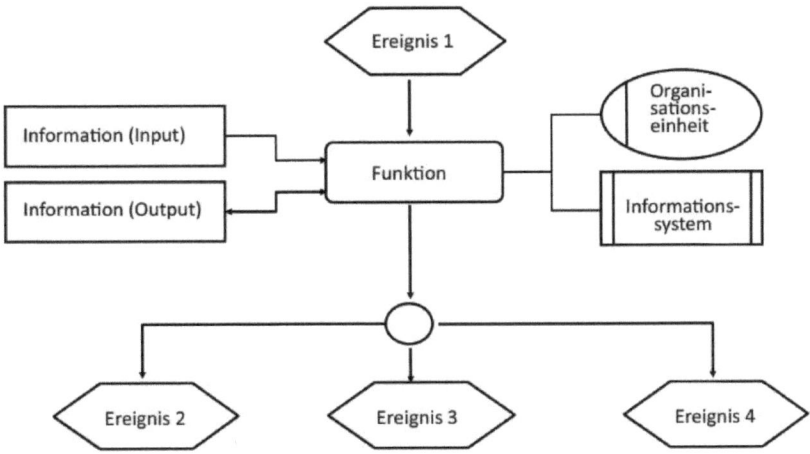

Quelle: *Gadatsch, A.*, Geschäftsprozesse, 2015, S. 20

Hierbei findet in den Funktionen eine nähere Beschreibung der Elemente statt. Dies können beispielsweise Informationsquellen, Organisationseinheiten und Informationssysteme sein.[20] Dabei lassen sich, aufgrund der einfachen und strukturierten Darstellungsweise, beliebige Prozesse detailliert beschreiben.[21]

2.4 SCRUM

Bei der SCRUM-Methode handelt es sich um eine agile Methode des Projektmanagements, welche zwischen drei Rollen unterscheidet. Dabei ist der Product Owner für die Entwicklung eines erfolgreichen Produktes und den wirtschaftlichen Erfolg verantwortlich.[22] Dagegen ist der SCRUM Master für die Einhaltung der Regeln der Methode und deren Optimierung im Unternehmen entscheidend.[23] Für die Erstellung und Lieferung des Produkts ist das Entwicklungsteam zuständig.[24]

---

[20] Vgl. *Gadatsch, A.*, Geschäftsprozesse, 2015, S. 20.
[21] Vgl. *Gadatsch, A.*, Geschäftsprozesse, 2015, S. 20.
[22] Vgl. *Goll, J., Hommel, D.*, SCRUM, 2015, S. 88 f.
[23] Vgl. *Goll, J., Hommel, D.*, SCRUM, 2015, S. 88 f.
[24] Vgl. *Goll, J., Hommel, D.*, SCRUM, 2015, S. 88 f.

Abbildung 4: SCRUM - Von der Vision zum fertigen Produkt

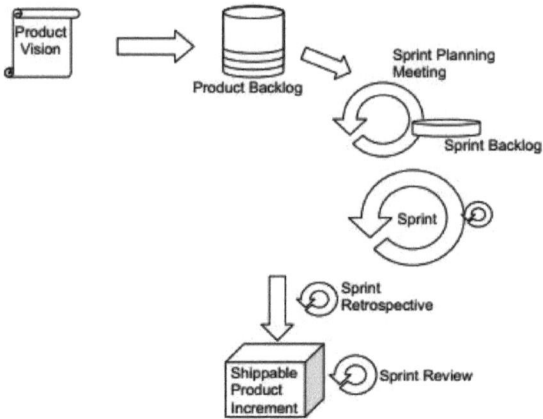

Quelle: Goll, J., Hommel, D., SCRUM, 2015, S. 87

Ein SCRUM-Projekt folgt dabei simplen und festen Regeln. Hierbei beginnt jedes Projekt mit einer Produktidee, welche der Auftraggeber entwickeln möchte.[25] Beim Product Backlog wird eine Aufstellung der Schlüsselanforderungen des Produkts erstellt, welche kontinuierlich weiterentwickelt wird.[26] Daraufhin folgt das Sprint Planning Meeting, bei dem jedes Mitglied des Entwicklerteams eine Teilaufgabe für den kommenden Sprint oder Arbeitszyklus erhält.[27] Ein Sprint sollte dabei eine Zeitspanne von vier Wochen nicht überschreiten. Er endet mit der Präsentation der Arbeitsleistung und der Bewertung der angewandten Methoden.[28] Dabei wiederholt sich der gesamte Ablauf des SCRUM-Projekts bis einzelne Abschnitte oder das Gesamtprojekt erfolgreich abgeschlossen wurde.

3. Diskussion

Für die folgende Diskussion wird sich die Ausarbeitung an einem selbst modelliertem Beispiel orientieren. Hierbei sollen die Vor- und Nachteile des eEPK, dessen sinnvollen Einsatzbereiche und die Zusammenarbeit mit SCRUM analysiert werden.

---

[25] Vgl. *Rubin, K.*, SCRUM, 2014, S.50 ff.
[26] Vgl. *Rubin, K.*, SCRUM, 2014, S.50 ff.
[27] Vgl. *Rubin, K.*, SCRUM, 2014, S.50 ff.
[28] Vgl. *Rubin, K.*, SCRUM, 2014, S.50 ff.

3.1 Selbstmodelliertes Beispiel

Um dem bisherigen Grundgedanken der Ausarbeitung zu folgen, bewegt sich das selbst modellierte Beispiel im Bereich Bildung. Dabei beschreibt die Situation ein internationales Industrieunternehmen aus dem Baustoffhandel mit Hauptsitz im französischen Paris. Für die Vertriebsregion Bayern wird zum nächsten Monatsbeginn ein neuer Vertriebsmitarbeiter eingestellt. Um diesem Mitarbeiter einen positiven Arbeitsbeginn zu ermöglichen, wird von der Schulungsabteilung ein reibungsloser Ablauf erwartet. Da jeder neue Mitarbeiter den selben Wissensstand erreichen soll, erarbeitet die Schulungsabteilung des Unternehmens ein Durchführungsschema per eEPK-Methode.

Abbildung 5: Selbstmodelliertes Beispiel der eEPK-Methode

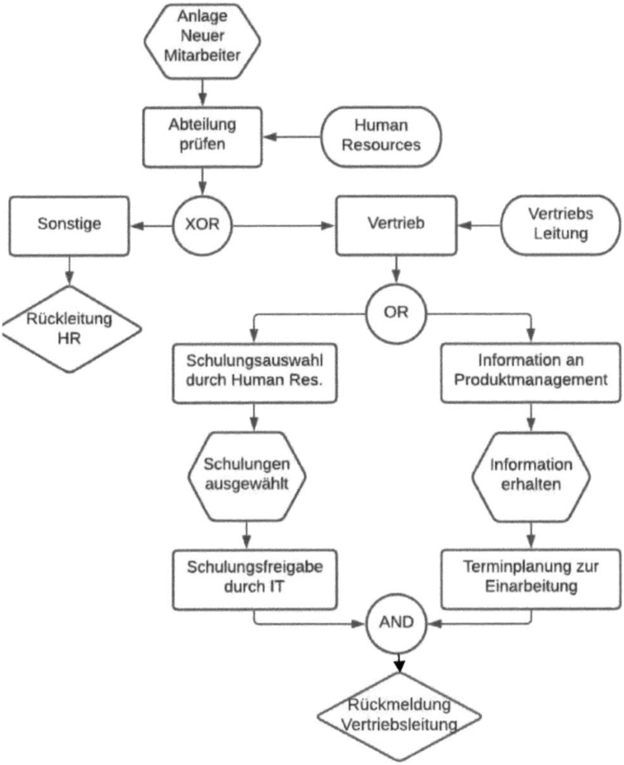

Quelle: Eigene Darstellung

Entsprechend der Darstellung beginnt das Beispiel mit der Anlage des neuen Mitarbeiters. Daraufhin prüft die Personalabteilung, ob der Mitarbeiter zur Abteilung Vertrieb oder einer sonstigen Abteilung gehört. Durch die XOR-Verknüpfung ist an dieser Stelle nur exakt eine Auswahlmöglichkeit vorgeschrieben. Sollte dabei auffallen, dass der Mitarbeiter versehentlich dem Vertrieb zugeordnet ist, wird der Prozess automatisiert an die Personalabteilung zurückgeführt, um eine erneute Einteilung zu vollziehen. Bei korrekter Einteilung und mit Zustimmung der Vertriebsleitung führt zum einen die Abteilung Human Resources eine Vorauswahl an Schulungen durch. Diese Schulungen werden daraufhin von der Informationstechnik freigegeben und dem Mitarbeiter über interne Systeme zugetragen. Parallel zur Schulungsauswahl der Personalabteilung findet durch die OR-Verknüpfung eine Informationsweiterleitung an das Produktmanagement statt. Dadurch hat die Abteilung die Möglichkeit, eine interne Terminplanung zu erarbeiten, um dem neuen Mitarbeiter proaktiv für Schulungsmaßnahmen anzumelden. Nachdem eine Schulungsfreigabe durch die Informationstechnik und die Terminplanung der Abteilung Produktmanagement stattgefunden hat, erhält die Vertriebsleitung ein automatisiertes Feedback zur Information und Kontrolle. An dieser Stelle müssen durch die AND-Verknüpfung beide Aktivitäten erfolgreich stattgefunden haben.

3.2 Vor- und Nachteile der eEPK-Methode

Wie im selbstmodellierten Beispiel beschrieben, bietet die eEPK-Methode ein hohes Maß an Genauigkeit und eine ähnlich große Aussagekraft. Dabei können kritische Ereignisse in der Prozessstruktur rasch lokalisiert werden, um bei der Fehlerbehebung zu unterstützen.[29] Zudem werden an den entsprechenden Funktionen die verantwortlichen Organisationseinheiten und Informationssysteme dargestellt.[30] So kann man der Darstellung beispielsweise entnehmen, dass die Personalabteilung für die Prüfung der richtigen Zuordnung des Mitarbeiters zuständig ist.

Weiterhin ist als positiv zu erachten, dass zur Erstellung des Prozesses eine intensive Einarbeitung in den internen Ablauf nötig ist.[31] Dies führt zu einem umfassenden Verständnis des Prozesses und ermöglicht die Entwicklung von Optimierungen. Gleichzeitig bietet die verständliche Darstellung des Ablaufs einen besseren Einblick

---

[29] Vgl. *Vahs, D., Weiand, A.*, Change Management, 2020, S. 254 ff.
[30] Vgl. *Vahs, D., Weiand, A.*, Change Management, 2020, S. 254 ff.
[31] Vgl. *Scheer, A., Nüttgens, M., Zimmermann, V.*, Prozesskette, 1997, S. 4 f.

der beteiligten Abteilungen und sorgt damit für eine positive Zusammenarbeit.[32] Die dadurch gewonnene Prozessklarheit fördert gerade an den Schnittstellen einen besseren Überblick für die Mitarbeiter.

Zudem bietet die eEPK-Methode eine flexible Arbeits- und Darstellungsweise für die Abbildung von standardisierten bis zu komplexen Prozessen.[33] Da die Methode recht einfach zu erlernen ist, bietet sie einen schnellen Zugang für eine Vielzahl von Mitarbeitern. Hierbei ist nicht mehr zwingend erforderlich, dass das verantwortliche Personal einen Hintergrund in der Informationstechnik hat. Dadurch können sich auch Mitarbeiter mit kaufmännischem Fachwissen konkreter an der Analyse der Geschäftsprozesse beteiligen. Durch diese verständliche Darstellungsweise bietet das eEPK-Verfahren eine optimale Grundlage für die Prüfung der Prozesse und damit den ersten Schritt zur Geschäftsprozessoptimierung.[34]

Neben den Vorteilen führen erweiterte Ereignisgesteuerte Prozessketten aber auch zu mögliche Nachteilen. So kann eine Darstellung per eEPK-Verfahren zu komplexen und platzaufwendigen Darstellungen führen.[35] Neben der Übersichtlichkeit leidet hier schnell die Verständlichkeit. Dabei kann dieser Fall nicht nur zu Fehlerketten führen, sondern auch zu Unverständnis und Misstrauen unter den Mitarbeitern.[36] Durch mangelndes Verständnis seitens des Personals werden schnell Auswege und Abkürzungen gesucht, welche dem Zweck des Prozesses widersprechen und zu Demotivation führen.[37]

Obwohl die Darstellung der eEPK-Methode recht einfach zu verstehen ist, werden Mitarbeiter benötigt, die das System und die zugrunde liegende Symbolik verstehen.[38] Daher sind kostspielige Schulungsmaßnahmen oder externes Personal erforderlich. Wie zuvor beschrieben, ist eine einwandfreie Darstellung und Ausarbeitung des Prozesses entscheidend, um das Verständnis des betroffenen Personals zu erhalten.

---

[32] Vgl. *Scheer, A., Nüttgens, M., Zimmermann, V.*, Prozesskette, 1997, S. 5 f.
[33] Vgl. *Vahs, D., Weiand, A.*, Change Management, 2020, S. 254 ff.
[34] Vgl. *Vahs, D., Weiand, A.*, Change Management, 2020, S. 254 ff.
[35] Vgl. *Scheer, A., Nüttgens, M., Zimmermann, V.*, Prozesskette, 1997, S. 5 f.
[36] Vgl. *Vahs, D., Weiand, A.*, Change Management, 2020, S. 254 ff.
[37] Vgl. *Scheer, A., Nüttgens, M., Zimmermann, V.*, Prozesskette, 1997, S. 5 f.
[38] Vgl. *Scheer, A., Nüttgens, M., Zimmermann, V.*, Prozesskette,1997, S. 5 f.

Zudem gestaltet sich die Darstellung von kreativen und komplexen Abläufen schwierig.[39] Denn die Prozesse, die per eEPK-Verfahren modelliert werden, befinden sich in einem recht starren Mantel. Dabei fällt es schwierig moderne Methoden wie Feedbackrunden, kreative Meetings und Überwachungstätigkeiten einzubauen.[40]

3.3 Sinnvoller Einsatz

Erweiterte Ereignisgesteuerte Prozessketten lassen sich hervorragend bei der Darstellung von standardisierten Abläufen verwenden. Dabei ist die Methode, durch die grafische Darstellung, leicht verständlich.[41] Dagegen findet der Prozess seine Limitation bei Abläufen, die nicht ausreichend dem Schema entsprechen, also nicht exakt vorherbestimmbar sind. Dazu kann die eEPK-Methode gut eingesetzt werden, um einen Gesamtüberblick über die unternehmerischen Tätigkeiten zu erhalten.[42] Zudem eröffnen sich bei diesem tiefen Einblick in die standardisierten Prozesse eines Unternehmens Potenziale zur Optimierung. Denn bei der genauen Analyse lassen sich Fehlerquellen und Mehrarbeit entdecken. Durch die Einbeziehung von Organisationseinheiten und Informationsquellen lassen sich zudem Probleme in der Zusammenarbeit getrennter Funktionen, Abteilungen oder Mitarbeitern aufdecken.[43] Denn die Interaktion zwischen verschiedenen Bereichen birgt oft großes Fehlerpotenzial.[44] Das Abstellen dieser Fehler führt zu Kostenreduktionen und Effizienzsteigerungen im Unternehmen. Genauso kann die Darstellung von internen Prozessen zur Motivationssteigerung der Belegschaft führen. Denn durch die grafische Darstellung von Prozessen fördert das Unternehmen Transparenz und Verständnis von fachlichen Zusammenhängen. Neben dem besseren Überblick für Geschäftsprozesse per eEPK lässt sich durch die Anwendung auch ein Wissensverlust vermeiden.[45] Indem die Abläufe und Prozesse zentral entwickelt werden, haben ausscheidende Mitarbeiter geminderte Auswirkungen auf interne Abläufe und Vakanzen können einfacher und systematischer gefüllt werden.

---

[39] Vgl. *Gronau, N.*, Geschäftsprozessmanagement, 2016, S. 21.
[40] Vgl. *Gronau, N.*, Geschäftsprozessmanagement, 2016, S. 21.
[41] Vgl. *Staud, J.*, Geschäftsprozessanalyse, 2006, S. 255.
[42] Vgl. *Staud, J.*, Geschäftsprozessanalyse, 2006, S. 255.
[43] Vgl. *Staud, J.*, Geschäftsprozessanalyse, 2006, S. 255 f.
[44] Vgl. *Staud, J.*, Geschäftsprozessanalyse, 2006, S. 256.
[45] Vgl. *Staud, J.*, Geschäftsprozessanalyse, 2006, S. 256.

3.4 eEPK in SCRUM-Projekten

Generell unterscheiden sich eEPK-Verfahren und SCRUM-Methoden in ihren Grundsätzen voneinander. Denn mittels eEPK lassen sich meist nur standardisierte Prozesse sinnvoll darstellen, während SCRUM einen agilen, offenen und kreativen Ablauf darstellt.[46] Jedoch lassen sich genau an dieser Schnittstelle die beiden Methoden verbinden. Denn auch der SCRUM-Prozess verläuft, wie unter Punkt 2.4 dargestellt, nach einem bestimmten Schema.[47] Dabei lassen sich die einzelnen Schritte per eEPK-Verfahren besser strukturieren und grafisch darstellen. Durch die genaue Strukturierung der einzelnen Abläufe kann man zur Vermeidung von Fehlern, Doppelarbeit oder Ineffizienz beitragen. Mit Hilfe der Kombination von traditionellen und agilen Ansätzen kann man demnach unter gegebenen Rahmenbedingungen ein optimales Vorgehensmodell entwickeln.[48]

Dies lässt sich gut am Beispiel der User Story im SCRUM-Prozess darstellen.[49] Dabei präsentiert die User Story spezifische Anforderungen an das zu entwickelnde Produkt aus Sicht des Nutzers oder Endverbrauchers. Die User Stories sollen sich kurz fassen und einen geringen Detaillierungsgrad aufweisen.[50] Jedoch müssen sie, zur Beschreibung bestimmter Eigenschaften, einer festgelegten Struktur folgen. Dabei sollten folgende Punkte stets mit einbezogen werden:[51]

- Rolle: Die Person, die den Dienst nutzt.

- Wunsch: Für welchen Zweck wird der Dienst gebraucht.

- Nutzen: Warum der Nutzer den Dienst benötigt.

Ein Beispiel für eine User Story aus dem selbst modellierten Beispiel wäre folglich: „Als neuer Mitarbeiter im Vertrieb möchte ich die nötigen Schulungsunterlagen erhalten, um möglichst aktiv an der Einarbeitung teilnehmen zu können.". Diese genauen Vorgaben sind prädestiniert für eine standardisierte Darstellung per eEPK-Anwendung.

---

[46] Vgl. *Wirdemann, R.*, Scrum, 2017, S. 50.
[47] Vgl. *Wirdemann, R.*, Scrum, 2017, S. 50.
[48] Vgl. *Timinger, H., Seel, C.*, Projektmanagement, 2016, S. 55 f.
[49] Vgl. *Timinger, H., Seel, C.*, Projektmanagement, 2016, S. 55 f.
[50] Vgl. *Wirdemann, R.*, Scrum, 2017, S. 50 f.
[51] Vgl. *Wirdemann, R.*, Scrum, 2017, S. 50 f.

Abbildung 6: Beispiel eines Sprint-Reviews per eEPK

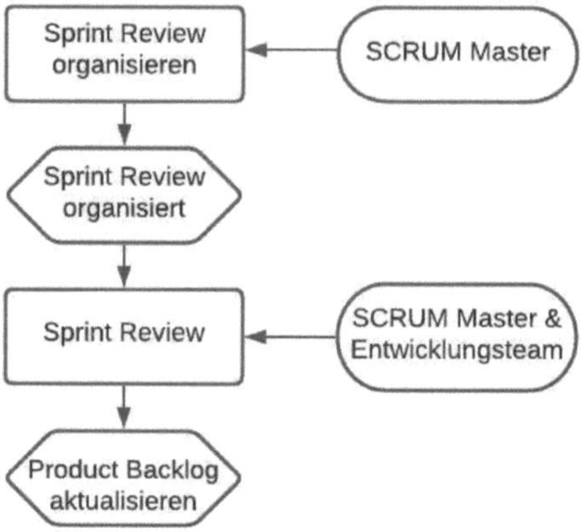

Quelle: Eigene Darstellung

Indem man den SCRUM-Prozess in seine verschiedenen Bestandteile unterteilt lassen sich auch komplexere Prozesse im eEPK-Verfahren darstellen. Dennoch lässt sich erkennen, dass der gesamte SCRUM-Prozess zu agil und kreativ ist, um eine Gesamtdarstellung per eEPK durchzuführen.[52] Dafür fehlt dem Verfahren schlicht die Möglichkeit auf unvorhersehbare Ereignisse zu reagieren und diese ohne Missverständnisse darzustellen.

4. Fazit und Ausblick

Mit Hilfe der Prozessmodellierung per eEPK-Verfahren haben Unternehmen die Möglichkeit, bestehende Prozesse detailliert darzustellen. Dabei können Fehlerquellen und verschwendete Ressourcen rasch aufgedeckt und behoben werden. Durch die flexible grafische Darstellung sind Prozesse besser strukturiert und leicht verständlich. Hieraus entwickeln sich eine Vielzahl an Anwendungsmöglichkeiten. Dennoch gerät die eEPK-Methode bei komplexen Prozessen an seine Grenzen. Denn es mangelt der Methode an Möglichkeiten zur Darstellung von komplexen, kreativen, oder unvorhersehbaren Ereignissen.

---

[52] Vgl. *Timinger, H., Seel, C.,* Projektmanagement, 2016, S. 55 f.

Die Covid-19-Pandemie hat den Rückstand der deutschen Digitalisierung offensichtlich gemacht. Daher ist die Aufnahme des Projekts digitale Bildung der Bundesregierung ein positives Zeichen für den Wirtschaftsstandort Deutschland. Dabei muss man natürlich bedenken, dass ein derartiges Projekt sehr zeit- und kostspielig ist. Man kann hier sicher nicht mit einer raschen Umsetzung rechnen. Dennoch liegt es an jedem Teilnehmer der deutschen Bildung sich an dem Projekt zu beteiligen. Wie man am Beispiel der User Stories sehen konnte ist jeder Input von Vorteil und kann das Projekt bei dessen positiver Entwicklung unterstützen.

5. Literaturverzeichnis

Gadatsch, Andreas (Geschäftsprozesse, 2015): Geschäftsprozesse analysieren und optimieren, Wiesbaden: Gabler, 2015

Goll, Joachim, Hommel, Daniel (SCRUM, 2015): Mit SCRUM zum gewünschten System, Wiesbaden: Gabler, 2015

Gronau, Norbert (Geschäftsprozessmanagement, 2016): Geschäftsprozessmanagement in Wirtschaft und Verwaltung: Analyse, Modellierung und Konzeption, Berlin: Gito, 2016

Keller, Gerhard, Teufel, Thomas (Prozessorientiert, 1997): SAP R/3 prozessorientiert anwenden, Wiesbaden: Gabler, 1997

Kuster, Jürg, Huber, Eugen, Lippmann, Robert, Schmid, Alphons, Schneider, Emil, Witschi, Urs, Wüst, Roger (Projektmanagement, 2019): Handbuch Projektmanagement, Wiesbaden: Gabler, 2019

Mende, Wilfried, Bieta, Volker (Projektmanagement, 1997): Projektmanagement: Praktischer Leitfaden, Oldenburg: De Gruyter, 1997

Rubin, Kenneth (SCRUM, 2014): Essential SCRUM: Die wesentlichen Aspekte von Scrum zum Lernen und Nachschlagen, Frechen: mitp, 2014

Rump, Frank (Geschäftsprozessmanagement, 1999): Geschäftsprozessmanagement auf der Basis ereignisgesteuerter Prozessketten, Wiesbaden: Vieweg+Teubner, 1999

Scheer, August, Nüttgens, Markus, Zimmermann, Volker (Prozesskette, 1997): Geschäftsprozessmodellierung mit der objektorientierten Ereignisgesteuerten Prozesskette, Wiesbaden: Gabler, 1997

Staud, Josef (Geschäftsprozessanalyse, 2006): Geschäftsprozessanalyse, Wiesbaden: Gabler, 2006

Timinger, Holger, Seel, Christian (Projektmanagement, 2016): Ein Ordnungsrahmen für adaptives hybrides Projektmanagement, in: PMaktuell (4)

Vahs, Dietmar, Weiand, Achim (Change Management, 2020): Workbook Change Management, Stuttgart: Schäffer-Pöschel, 2020

Wirdemann, Ralf (Scrum, 2011): Scrum mit User Stories, München: Hanser, 2011

Internetquellen:

Angela Merkel (Bildung, 2020): Ein kräftiger Schub für die digitale Bildung
<https://www.bundeskanzlerin.de/bkin-de/aktuelles/digitale-schulen-1790072> (2020-09-22) [Zugriff 2021-02-04]

Bundesministerium für Wirtschaft und Energie (Digital-Gipfel, 2020): Digital-Gipfel 2020 – „Digital nachhaltiger leben", <https://www.bmwi.de/Redaktion/DE/Pressemitteilungen/2020/12/20201201-digital-gipfel-2020-altmaier-digitalisierung-kann-enormen-beitrag-fuer-erreichen-der-klimaschutzziele-leisten.html> (2020-12-01) [Zugriff 2021-02-04]

Süddeutsche Zeitung (Digitalisierung, 2020): Digitalisierung: Irgendwann „Bummelletzter", <https://www.sueddeutsche.de/wirtschaft/digitalisierung-irgendwann-bummelletzter-1.5134234> (2020-12-01) [Zugriff 2021-02-04]